BEI GRIN MACHT SICH IHR WISSEN BEZAHLT

AF138476

- Wir veröffentlichen Ihre Hausarbeit,
  Bachelor- und Masterarbeit

- Ihr eigenes eBook und Buch -
  weltweit in allen wichtigen Shops

- Verdienen Sie an jedem Verkauf

Jetzt bei www.GRIN.com hochladen
und kostenlos publizieren

Operatives Human Resource Management

Saskia Haschke

Bibliografische Information der Deutschen Nationalbibliothek:

Die Deutsche Nationalbibliothek verzeichnet diese Publikation in der Deutschen Nationalbibliografie; detaillierte bibliografische Daten sind im Internet über http://dnb.d-nb.de abrufbar.

ISBN: 9783346793379
Dieses Buch ist auch als E-Book erhältlich.

Druck und Bindung: Books on Demand GmbH, Norderstedt Germany
Gedruckt auf säurefreiem Papier aus verantwortungsvollen Quellen

Das vorliegende Werk wurde sorgfältig erarbeitet. Dennoch übernehmen Autoren und Verlag für die Richtigkeit von Angaben, Hinweisen, Links und Ratschlägen sowie eventuelle Druckfehler keine Haftung.

Das Buch bei GRIN: https://www.grin.com/document/1278529

Einsendeaufgabe (Sonderprüfung):

Operatives Human Resource Management

Abgegeben am: 27. März 2020

Modul: Operatives Human Resource Management (4. Semester)
Studiengang: Betriebswirtschaft und Management (B.A.)

von
Saskia Haschke

Inhaltsverzeichnis

(Alternative B)

Abkürzungsverzeichnis

bzw.	beziehungsweise
etc.	et cetera
inkl.	inklusive
o. ä.	oder ähnlich
o. J.	ohne Jahr
u. a.	unter anderem
Vgl.	Vergleich
z. B.	zum Beispiel

Aufgabe 1

1.1   Welche Möglichkeiten der Vergütungsfindung gibt es?

Die Vergütung von Mitarbeitern gehört nach wie vor zu den am häufigsten diskutierten Bereichen im Personalmanagement. Das Vergütungsmanagement, oder auch "Compensation Management" genannt, umfasst nicht nur die Planung, Steuerung und Verwaltung, sondern auch die Weiterentwicklung der Vergütung sowie der Vergütungsstrukturen im Unternehmen. In der Vergangenheit wurde die Bezahlung primär unter Kostengesichtspunkten betrachtet, doch inzwischen wird sie vor allem als wirksames Instrument angesehen, das bei der Erreichung der Unternehmensziele unterstützen kann. Aufgrund dieser strategischen Relevanz stellt die Vergütungsfindung die Arbeitgeber vor große Herausforderungen.[1]

In der heutigen Zeit ist vor allem ein ganzheitlich ausgerichtetes Vergütungsmanagement wichtig, obwohl finanzielle Anreize momentan eher eine Grundvoraussetzung für die Mitarbeiter darstellen und weniger als Bindungsfaktor fungieren. Im Zusammenhang mit der Vergütungsfindung gelangt man auch schnell zum Thema Lohngerechtigkeit, die bei der finalen Vergütungsfindung berücksichtigt werden sollte. Jedoch kann die Lohngerechtigkeit oft schwer eingeschätzt werden, da man sie höchstens als einen Zustand beschreiben kann, bei dem der Zufriedenheitsgrad und das Gerechtigkeitsempfinden aller Beteiligten am größten ist. Um der Lohngerechtigkeit möglichst nahe zu kommen, werden zwischen mehreren Vergütungskriterien unterschieden, von denen einige nun ausführlich erläutert werden.[2]

Anforderungsbezogene Vergütung:
Diese Art der Vergütung soll gewährleisten, dass sich das Gehalt am Schwierigkeitsgrad der Aufgaben orientiert. Die verschiedenen Anforderungen bieten demzufolge die Möglichkeit die Vergütung zu flexibilisieren. Zu den

---

[1] Vgl. *Bareiß/Merk* (2018), S. 70; Vgl. *Bartscher et al.* (2019), S. 51-52; Vgl. *Stock-Homburg/Groß* (2019), S. 455-456
[2] Vgl. *Bareiß/Merk* (2018), S. 70-71; Vgl. *Thommen et al.* (2018), S. 318

möglichen Anforderungen zählen körperliches und geistiges Können, der Belastung- und Verantwortungsgrad sowie andere Faktoren, wie beispielsweise Fremdsprachen- oder Branchenkenntnisse. Ausgangspunkt ist hierbei die definierte Normalleistung, die vom Mitarbeiter erwartet wird und die mit Unterstützung von Arbeitsbewertungsverfahren ermittelt werden kann. Die unterschiedlichen Anforderungen des Tätigkeitsfeldes werden dementsprechend unterschiedlich entlohnt und erzielen dadurch eine anforderungsgerechte Vergütung, die sich sowohl aus einem fixen Grundlohn als auch aus einem variablen Teil zusammensetzt. Der Zugang zum variablen Teil des Gehalts kann aber nur dann erfolgen, wenn sich der Mitarbeiter weitere Qualifikationen oder Fähigkeiten aneignet, mit denen er ein höheres Anforderungsprofil erreichen kann.[3]

Leistungsbezogene Vergütung:

Die leistungsgerechte Entlohnung ist der anforderungsbezogenen Vergütung sehr ähnlich, berücksichtigt allerdings die individuellen Leistungsunterschiede hinsichtlich der Arbeitsergebnisse, wie z. B. in Form von Stückzahlen oder Umsätzen. Die Gerechtigkeit wird erzielt, indem höhere Leistung auch höher entlohnt wird und nach demselben Prinzip gleiche Leistung ebenso gleich bezahlt wird. Die Vergütung besteht demnach in der Regel aus einem Fixgehalt und einem zusätzlichen Anteil, der von den zuvor festgelegten Zielen abhängig ist. Die wohl bekanntesten leistungsbezogenen Vergütungsmodelle sind der Prämien-, der Zeit- und der Akkordlohn, die die Mitarbeiter dazu anspornen sollen, bessere Leistungen zu erbringen. Doch nicht nur die Motivationssteigerung steht bei dieser Art der Vergütung im Vordergrund, sondern gleichermaßen das Erreichen der Unternehmensziele. Unter gewissen Umständen kann die leistungsgerechte Bezahlung jedoch auch demotivierend wirken. Dies ist der Fall, wenn die Unternehmensziele entweder nicht klar definiert sind oder vom Arbeitnehmer aufgrund fehlender Ressourcen und Fähigkeiten nicht erreicht werden können.[4]

---

[3] Vgl. *Bareiß/Merk* (2018), S. 71; Vgl. *Rühle* (2019), S. 207; Vgl. *UVK Verlagsgesellschaft mbH* (2013); Vgl. *Weber/Kabst/Baum* (2018), S. 367
[4] Vgl. *Frank Dulisch* (o. J.); Vgl. *Gehalt.de GmbH* (2014); Vgl. *I.O. Group Wolf* (o. J.); Vgl. *Stock-Homburg/Groß* (2019), S. 456; Vgl. *UVK Verlagsgesellschaft mbH* (2013); Vgl. *VFR Verlag für Rechtsjournalismus GmbH* (o. J.); Vgl. *Weber/Kabst/Baum* (2018), S. 367

Erfolgsbezogene Vergütung:

Bei diesem Vergütungsmodell hängt die Höhe der Bezahlung vom wirtschaftlichen Erfolg des Unternehmens ab. In der erfolgsgerechten Bezahlung kann man auch eine Form der Leistungsgerechtigkeit wiedererkennen, wenn man davon ausgeht, dass der wirtschaftliche Erfolg auch von der Belegschaft erarbeitet wurde. Doch nicht nur die Mitarbeiter und Führungskräfte allein beeinflussen den Unternehmenserfolg, sondern vor allem externe Faktoren, wie beispielsweise konjunkturelle Schwankungen. Die erfolgsorientierte Vergütung findet man besonders im produzierenden Gewerbe und weniger im Dienstleistungsbereich. Im öffentlichen Dienst findet diese Art der Bezahlung für gewöhnlich gar keinen Einsatz, da der wirtschaftliche Erfolg in vielen Bereichen der Verwaltung nicht beziffert werden kann.[5]

Qualifikationsbezogene Vergütung:

Bei diesem Vergütungsmodell wird die Qualifikationsgerechtigkeit insofern ausgedrückt, dass das Arbeitsvermögen, also die Qualifikationen, die ein Mitarbeiter besitzt, im Gehalt berücksichtigt wird, auch wenn es der Angestellte bei seiner aktuellen Tätigkeit nicht benötigt. Man honoriert sozusagen das Potenzial, das dem Unternehmen theoretisch zur Verfügung stehen würde. Höher qualifizierte Arbeitnehmer erhalten dementsprechend auch eine höhere Entlohnung. Den Maßstab für das Gehalt liefern u. a. Abschlüsse und Weiterbildungszertifikate des jeweiligen Mitarbeiters.[6]

Statusbezogene Vergütung:

Das nach dem Status des Mitarbeiters bezahlte Gehalt wird auch häufig sozialgerechte oder sozialbezogene Vergütung genannt. Hierbei spielt die Verteilung der Einkommenschancen in einer Gesellschaft eine wichtige Rolle. Diese Art der Vergütung versucht demnach soziale wie auch sozialpolitische Anliegen zu berücksichtigen und Themen, wie Lohnzahlung bei Krankheit und Unfall, Altersvorsorge, Kinder- und Familienzulagen sowie die Lohngleichheit von Mann und Frau mit einzubeziehen. Soziale Gerechtigkeit könnte beispielsweise erzielt werden, wenn man die Beschäftigten dazu bringt auf einen Teil ihrer

---

[5] Vgl. *Frank Dulisch* (o. J.); Vgl. *UVK Verlagsgesellschaft mbH* (2013)
[6] Vgl. *Christian Hannemann* (o. J.); Vgl. *UVK Verlagsgesellschaft mbH* (2013)

Vergütung zu verzichten, um mehr Arbeitslosen die Chance auf Arbeit zu gewähren.[7]

Nach den Ausführungen der verschiedenen Vergütungskriterien, kann man zusammenfassend festhalten, dass der Großteil der Unternehmen verschiedene Lohnprinzipien gleichzeitig verwendet. In der Regel erhalten die Mitarbeiter ein Grundgehalt, dass sich nach den jeweiligen Anforderungen der Stellen-beschreibung richtet und darüber hinaus flexible und leistungsbezogene Anteile sowie Erfolgsbeteiligungen, die bei der Vertragsunterzeichnung schriftlich festgehalten werden. Die qualifikationsbezogene Vergütung, in der Form wie sie hier beschrieben wurde, wird man versuchen zu umgehen, indem offene Vakanzen mit Kandidaten besetzt werden, die das erforderliche Anforderungs-profil erfüllen und deren Potential folglich vollkommen ausgeschöpft werden kann. Die Verbesserung der Sozialgerechtigkeit wird jedoch von vielen Unternehmen als vorrangige Aufgabe des Staates angesehen, da dieser z. B. mit Hilfe von steuerlichen Kinderfreibeträgen oder Transfereinkommen weitaus wirkungsvollere Unterstützung leisten kann, als die Betriebe selbst.[8]

Die Ausführungen verdeutlichen, dass es nicht möglich ist eine als absolut gerecht empfundene und von allen Beteiligten akzeptierte Vergütung zu eruieren. Dennoch lohnt es sich als Arbeitgeber ein relativ gerechtes Vergütungssystem zu etablieren, da sich eine wahrgenommene Gerechtigkeit positiv auf die Motivation der Mitarbeiter auswirkt und das Image des Unternehmens in der Öffentlichkeit stärkt.[9]

1.2   Welche Kriterien zeichnen moderne Vergütungssysteme aus?

Die Arbeitgeber müssen in der heutigen Zeit mehr und mehr durch moderne Vergütungsmodelle überzeugen, denn die Konkurrenz auf dem Arbeitsmarkt ist groß. Hinzu kommt, dass die Vergütung für die Angestellten mittlerweile nicht mehr nur der Lohn für das tägliche Arbeiten ist, sondern die Bezahlung massiv beeinflusst, welcher Tätigkeit der Arbeitnehmer nachgehen will und wie er diese ausführt. Unter einem modernen Vergütungssystem versteht man heutzutage

---

[7] Vgl. *Bareiß/Merk* (2018), S. 71; Vgl. *UVK Verlagsgesellschaft mbH* (2013)
[8] Vgl. *UVK Verlagsgesellschaft mbH* (2013)
[9] Vgl. *UVK Verlagsgesellschaft mbH* (2013)

eine Bezahlung, die die Strategie des eigenen Unternehmens stützt, also die Ziele des Unternehmens berücksichtigt, und auf das Team bzw. die einzelnen Mitarbeiter ausgerichtet ist und deren Zielerreichung abbildet.[10]

Aufgrund der Tatsache, dass die Leistungserfassung personenspezifischer Daten einfacher geworden ist, da die Daten mit der Zeit immer leichter erhoben, gemessen und gesteuert werden können, wird der Gebrauch variabler Vergütungsmodelle weiterhin ansteigen. Die Vergütung der Arbeit wird demzufolge zunehmend ergebnis- und kostenorientierter.[11]

Bei der variablen Vergütung werden außerdem häufig Bonuszahlungen integriert, die die Realisierung individueller Zielvereinbarungen oder das Erreichen von Teamzielen honorieren. Für die Unternehmen ist hierbei besonders wichtig, dass die modernen Vergütungssysteme mit Hilfe festgelegter Kriterien transparent und fair gehandhabt werden, denn man beachte, dass nur ein von den Mitarbeitern als gut empfundenes Bonus- bzw. Vergütungssystem eine erfolgreiche aufeinander abgestimmte Verbindung von Arbeitnehmer und Arbeitgeber schaffen kann. Ein positiver Nebeneffekt für die Firmen ist, dass den variablen Vergütungskomponenten ein hohes Motivationspotenzial zugesprochen wird, da die Höhe der Vergütung unmittelbar von der Leistung der Angestellten abhängt und aus diesem Grund die Arbeitnehmer leicht beeinflusst werden können.[12]

Allgemein kann man festhalten, dass für die Mitarbeiter inzwischen nicht mehr nur die attraktiven Vergütungspakete im Vordergrund stehen, sondern dass die Vereinbarkeit von Familie und Beruf immer wichtiger wird und folglich flexible Arbeitszeiten sowie Home-Office an Relevanz gewinnen. Neben den Gehalts- und Bonuszahlungen steigt zusätzlich auch die Bedeutung der nichtmonetären Leistungen, wie z. B. Kinderbetreuung, Gesundheitsförderung, Fortbildungs- möglichkeiten und die Unternehmenskultur, stetig an und verdeutlicht somit die Tendenz zu mehr Immaterialität im modernen Vergütungssystem aufseiten der Arbeitnehmer.[13]

---

[10] Vgl. *Bartscher et al.* (2019), S. 52; Vgl. *Management Circle AG* (2018)
[11] Vgl. *Management Circle AG* (2018); Vgl. *Werther/Bruckner* (2018), S. 75
[12] Vgl. *Management Circle AG* (2018); Vgl. *PricewaterhouseCoopers GmbH* (o. J.);
Vgl. *Stock-Homburg/Groß* (2019), S. 457
[13] Vgl. *DATAKONTEXT GmbH* (2019)

Aufgabe 2

2.1 Personalbeschaffung: Die gängigsten Kanäle

Die Personalbeschaffung und die Personalauswahl sind maßgebliche Erfolgs-faktoren, um Fehlentscheidungen im Personaleinsatz zu minimieren. Heutzutage gibt es sehr viele unterschiedliche Methoden und Instrumente, die ein Unternehmen nutzen kann, um die passenden Bewerber anzusprechen. Ein Mix aus verschiedenen Medien und Suchkanälen, in denen sich der Betrieb als attraktiver Arbeitgeber positionieren kann, ist hierbei erfolgsentscheidend. Im Folgenden werden nun die gängigsten Personalbeschaffungskanäle genauer untersucht.[14]

Die **Online-Jobbörsen** sind für Bewerber meist die erste Anlaufstelle, um sich über Stellenangebote zu informieren. Aus diesem Grund gehören sie auch für Unternehmen zur beliebtesten Methode, um passende Bewerber anzusprechen. Positiv ist, dass die Stellenanzeige einerseits mit geringem Zeitaufwand erstellt werden kann und dass sich andererseits die Reichweite der Schaltung flexibel an die Bedürfnisse der Vakanz anpassen lässt. Da es nicht nur kostenfreie, sondern auch kostenpflichtige Online-Stellenportale gibt, auf denen eine Stellenanzeige bis zu 2000€ pro Monat kosten kann, lohnt es sich im Voraus genaustens zu überlegen, auf welcher Jobbörse man die Zielgruppe antreffen kann.[15]

Sowohl **Arbeitsämter** als auch **öffentliche Dienste** bieten Unternehmen die Chance qualifiziertes Personal zu finden, indem Vermittlungsangebote oder öffentliche Förderungsmöglichkeiten in Anspruch genommen werden können. Bei der Bundesagentur für Arbeit hat man als Arbeitgeber außerdem die Möglichkeit die Online-Bewerberdatenbank zu nutzen und eigenständig nach passenden Kandidaten zu suchen. Hinzu kommt, dass der Aufwand für diese Art der Personalbeschaffung sehr gering ist und die Leistungen der Bundesagentur für Arbeit sowie der öffentlichen Dienste in der Regel kostenlos sind.[16]

---

[14] Vgl. *Bareiß/Merk* (2018), S. 37; Vgl. *Treier* (2019), S. 122
[15] Vgl. *jobEconomy GmbH* (o. J.); Vgl. *Jochen Mai* (2017)
[16] Vgl. *Bareiß/Merk* (2018), S. 44; Vgl. *GSM Beteiligungs-GmbH* (2017); Vgl. *Haufe-Lexware GmbH & Co. KG* (o. J.)

Kann eine offene Vakanz auch mit Studenten oder den sogenannten "Young Professionals", also jungen Talenten, die ihr Studium gerade erst abgeschlossen haben, besetzt werden, dann bieten sich für ein Unternehmen **Campus- bzw. Hochschulveranstaltungen** als Personalbeschaffungskanal an.[17] Im direkten Kontakt zu potenziellen Bewerbern kann hier bereits abgetastet werden, ob diese von der Persönlichkeit zum Unternehmen passen und ob sich die Qualifikationen für eine Festanstellung, eine Werkstudententätigkeit, ein Praktikum oder eine Abschlussarbeit eignen. Von der Präsenz an Hochschulveranstaltungen erhoffen sich die Arbeitgeber nicht nur passgenauere Initiativbewerbungen, sondern auch eine zunehmende Bekanntheit sowie ein besseres Arbeitgeberimage innerhalb der Zielgruppe.[18]

Auch **Jobmessen** bieten ideale Voraussetzungen, um nützliche Kontakte zu knüpfen und mit vielversprechenden Kandidaten ins Gespräch zu kommen. Da die Besucher solcher Veranstaltungen grundsätzlich Interesse an einer neuen Tätigkeit haben oder zumindest die Bereitschaft da ist eine berufliche Veränderung in Betracht zu ziehen, fällt dort die Direktansprache von Besuchern besonders leicht und ist demzufolge auch häufig von Erfolg gekrönt. Kurze Bewerbungsgespräche am Messestand erleichtern außerdem die anschließende Personalauswahl, da hier bereits der erste persönliche Kontakt stattfindet und Rahmenbedingungen der offenen Vakanzen besprochen werden können.[19]

Auch durch **Fachvorträge oder Workshops** können aktive Interessenten angeworben werden, indem beispielsweise die Leiter der Fachabteilungen eines Unternehmens Vorträge halten oder Workshops anbieten, deren Themen für die Kandidatenzielgruppe relevant sind. Auf diese Weise kann der Arbeitgeber sowohl seinen Betrieb, seine Arbeitsweise und seine Produkte präsentieren als auch offene Vakanzen bewerben. Die Einladungen zu solchen Veranstaltungen können in den Aus- und Weiterbildungseinrichtungen sowie in den Hochschulen und Instituten, wo die Zielgruppe zu finden ist, ausgehängt werden.[20]

---

[17] Vgl. *Jochen Mai* (2016); Vgl. *Treier* (2019), S. 139
[18] Vgl. *Bareiß/Merk* (2018), S. 44; Vgl. *Campus-Service GmbH* (o. J.); Vgl. *GSM Beteiligungs-GmbH* (2017)
[19] Vgl. *BLICKFANG Onlinemarketing GmbH* (2018); Vgl. *GSM Beteiligungs-GmbH* (2017); Vgl. *Instaffo GmbH* (o. J.)
[20] Vgl. *Bareiß/Merk* (2018), S. 45

Interne Stellenausschreibungen fanden als Rekrutierungsmaßnahme lange Zeit kaum Beachtung. Inzwischen hat der Fachkräftemangel jedoch zu einem Umdenken in den Personalabteilungen der Unternehmen geführt, weshalb für die Besetzung der offenen Vakanzen nun verstärkt interne Lösungen gefunden werden. Verbreitet werden können die internen Ausschreibungen über das Intranet, eine E-Mail-Mitteilung, Rundschreiben oder einen Aushang am Infobrett. Vorteilhaft ist, dass sich der Arbeitgeber mithilfe dieser Personalbeschaffungs-methode eine Menge Zeit und Geld sparen kann, da auf diese Weise nicht nur die zeitintensiven Vorstellungsgespräche und kostenpflichtigen Stellenanzeigen wegfallen, sondern auch das Onboarding, also die Einarbeitung und Einweisung eines neuen Mitarbeiters, entfällt. Für den internen Mitarbeiter bietet der Aufstieg innerhalb des eigenen Unternehmens außerdem mehr Sicherheit, als der Wechsel zu einem neuen Arbeitgeber.[21]

Des Weiteren dient die **Karriereseite** auf der firmeneigenen Homepage als optimale Möglichkeit der Personalbeschaffung. Hier kann die Firma nicht nur die offenen Stellen veröffentlichen, sondern darüber hinaus den Bewerbern und Interessenten weitere Informationen bereitstellen. Dazu gehören z. B. Hintergrundinformationen, die das Arbeitsumfeld, die einzelnen Abteilungen oder die Strukturen genauer beschreiben sowie allgemeine Informationen zum Bewerbungsverfahren. Die Karriereseite bietet den Unternehmen die Möglichkeit sich vom Wettbewerb abzuheben und die Bewerber für sich zu gewinnen, denn über 90% der Jobsuchenden rufen zuerst die Karriereseite des potenziellen Arbeitgebers auf bevor sie tatsächlich ihre Bewerbung abschicken.[22]

Auch über **Social-Media-Kanäle** kann man mittlerweile qualifizierte Kandidaten finden und so seinen Bedarf an Personal decken. Vor allem wenn die Zielgruppe technikaffin, gut ausgebildet und weltoffen sein soll, bieten sich die sozialen Netzwerke an, um Bewerber auf das eigene Unternehmen aufmerksam zu machen. Beispielsweise können die Arbeitgeber bei Xing, LinkedIn, Facebook etc. eine Unternehmensseite erstellen und dort offene Vakanzen, allgemeine Informationen zum Betrieb oder andere Neuigkeiten veröffentlichen. Man muss

---

[21] Vgl. *Agentur Junges Herz* (o. J.); Vgl. *Bareiß/Merk* (2018), S. 45
[22] Vgl. *Agentur Junges Herz* (2016); Vgl. *Bareiß/Merk* (2018), S. 45; Vgl. *Raven51 AG* (o. J.)

jedoch festhalten, dass die Pflege eines solchen Social-Media-Kanals mit viel Arbeit verbunden ist. Publiziert man allerdings passende und zugleich interessante Beiträge und schafft man es sich als attraktiver sowie moderner Arbeitgeber zu präsentieren, hat man gute Chancen durch dieses Personal-beschaffungsinstrument die gewünschten Talente zu finden.[23]

Zuletzt dienen in der heutigen Zeit sogenannte **Arbeitgeberbewertungsportale**, wie z. B. "Kununu", den Kandidaten immer häufiger als Entscheidungsgrundlage. Nicht nur der Großteil der Personaler ist mittlerweile davon überzeugt, dass Bewertungen, ob positiv oder negativ, die Jobentscheidung von Bewerbern maßgeblich beeinflussen. Auch eine Umfrage ergab, dass 41% der Befragten sich vor dem Absenden der Bewerbung auf entsprechenden Portalen über den potenziellen Arbeitgeber informieren. Bei wechselwilligen Kandidaten zeigte die Umfrage sogar, dass sich 84% bei der Wahl ihres neuen Arbeitgebers von den Bewertungen beeinflussen lassen. Arbeitgeberbewertungsportale bieten den Unternehmen demnach die Chance ihre Bekanntheit zu steigern und sich als attraktiver Arbeitgeber zu positionieren, um zu erreichen, dass sich die Zielgruppe bei ihnen bewirbt.[24]

2.2 Das E-Recruiting

Um sich heutzutage gegen die Wettbewerber durchsetzen zu können und langfristig erfolgreich zu sein, müssen die Unternehmen auch in puncto Personalbeschaffung am Puls der Zeit bleiben.[25]

Das sogenannte "E-Recruiting", kurz für "Electronic-Recruiting", bezeichnet die digitale Form der Personalbeschaffung und hat seinen Ursprung Ende der 1990er Jahre, als die ersten Online-Jobbörsen entstanden. Das E-Recruiting eröffnet den Arbeitgebern nicht nur neue Möglichkeiten qualifizierte Kandidaten zu finden, sondern soll die Personalauswahl zudem einfacher, schneller und qualitativ hochwertiger machen. Wie das klassische Recruiting umfasst auch das

---

[23] Vgl. *Bareiß/Merk* (2018), S. 45; Vgl. *DIM Deutsches Institut für Marketing GmbH* (2015); Vgl. *Jochen Mai* (2017)
[24] Vgl. *Bareiß/Merk* (2018), S. 45; Vgl. *Quadriga Media Berlin GmbH* (2019); Vgl. *Wolters Kluwer Deutschland GmbH* (2018)
[25] Vgl. *Jochen Mai* (2017)

E-Recruiting das komplette Spektrum der Personalbeschaffung, bestehend aus der Veröffentlichung von Stellenausschreibungen, dem gesamten Bewerbermanagement und der Präsentation des eigenen Unternehmens als attraktiver Arbeitgeber im Internet.[26]

Zu den Personalbeschaffungskanälen im Bereich E-Recruiting gehören die in Punkt 2.1 bereits erläuterten Social-Media-Kanäle, Online-Jobbörsen und auch die Unternehmenshomepage bzw. die Karriereseite auf der firmeneigenen Webseite. Des Weiteren gehört das Mobile Recruiting zu einer neueren Form des E-Recruitings. Hier kann der Bewerber bequem vom Smartphone aus auf Jobbörsen oder die Karriereseite des potenziellen Arbeitgebers zugreifen und alle nötigen Schritte der Bewerbung durchlaufen. Der Zugang erfolgt in der Regel über spezielle Recruiting-Apps. Zur besseren Handhabung der Karriereseite eines Unternehmens sollte diese an die Nutzung mobiler Endgeräte, wie Smartphones und Tablets, angepasst werden.[27]

Obwohl diese Rekrutierungsform weitreichend bekannt ist, kommt es dennoch häufig zu Missverständnissen hinsichtlich der Differenzierung von E-Recruiting und dem klassischen Recruiting. Der Unterschied besteht darin, dass beim E-Recruiting alle Prozesse digital stattfinden und nicht mehr offline. Diese Entwicklung kann man daran erkennen, dass die Stellenanzeigen früher allein in Print-Magazinen zu finden waren und die Bewerbungsunterlagen per Post an den potenziellen Arbeitgeber verschickt wurden. Auch noch heute werden Stellenausschreibungen in Print-Medien veröffentlicht, jedoch nimmt die Auswahl an Online-Jobbörsen, wie z. B. StepStone oder Indeed, stetig zu und wird besonders für die jüngeren Generationen immer relevanter. Die Bewerbung per Post bevorzugen in der heutigen Zeit nur noch 3% der Arbeitgeber. Dies lässt erkennen, dass der Großteil der Unternehmen mittlerweile digitale Bewerbungen favorisiert, da diese schneller gesichtet und bearbeitet werden können. Dadurch entstehen für die Firmen enorme Kosten- und Zeitersparnisse, die nicht zu unterschätzen sind.[28]

---

[26] Vgl. *Bareiß/Merk* (2018), S. 46; Vgl. *Haufe-Lexware GmbH & Co. KG* (2018); Vgl. *Jochen Mai* (2017); Vgl. *Personio GmbH* (o. J.)
[27] Vgl. *Haufe-Lexware GmbH & Co. KG* (2018); Vgl. *jobEconomy GmbH* (o. J.); Vgl. *Jochen Mai* (2017)
[28] Vgl. *jobvector GmbH* (o. J.); Vgl. *Jochen Mai* (2017); Vgl. *Personio GmbH* (o. J.)

Als zusätzlicher Unterscheidungsfaktor zum klassischen Recruiting sind in den letzten Jahren im digitalen Rekrutierungsbereich außerdem spezielle Software-lösungen hinzugekommen, wie z. B. Bewerbermanagementsysteme, mit Hilfe derer sich der Rekrutierungsprozess effektiv und effizient steuern lässt. Solche Softwareapplikationen bieten den Unternehmen beispielsweise die Möglichkeit die Veröffentlichung der Stellenanzeigen mit nur wenigen Klicks zu managen und mittels einer Bewerber-Datenbank Eingangsbestätigungen, Absagen o. ä. zu generieren, um folglich wiederum Zeit und Kosten einzusparen[29]

Um in einem Unternehmen E-Recruiting-Maßnahmen durchführen zu können, müssen jedoch zuerst ein paar Grundvoraussetzungen erfüllt werden, wie z. B. inhaltliche sowie strukturelle Anforderungen gegeben sein. Speziell auf der firmeneigenen Karriereseite sollten die Bewerbungsformulare eher knapp und übersichtlich gestaltet sein, sodass der Bewerber die wesentlichen Informationen schnell erfassen kann. Aus demselben Grund sollten so wenig Links wie nur möglich in die Stellenanzeigen und Informationstexte eingebunden werden.[30]
Wie im Text oberhalb bereits angeschnitten wurde, gibt es auch technische Voraussetzungen. Die Unternehmen stehen vor der Aufgabe ihre Webseite und besonders die Karriereseite, inkl. der dort sichtbaren Stellenanzeigen, für die Nutzung auf den mobilen Endgeräten anzupassen. Nicht nur die Darstellung muss für die kleinen Displays optimiert werden, um eine gute Lesbarkeit garantieren zu können, sondern auch die Datenmengen sollten möglichst klein gehalten werden aufgrund der meist langsamen Geschwindigkeit des mobilen Internets. Gerade die verkürzte Ladezeit der Inhalte kann ein entscheidender Erfolgsfaktor sein, wenn es darum geht dem mobilen Nutzer auch bei schlechter Verbindungsqualität lange Wartezeiten ersparen zu können.[31]

---

[29] Vgl. *Bullhorn GmbH* (o. J.); Vgl. *Personio GmbH* (o. J.)
[30] Vgl. *prosoft EDV-Lösungen GmbH & Co. KG* (2015)
[31] Vgl. *MA&T Organisationsentwicklung GmbH* (o. J.); Vgl. *prosoft EDV-Lösungen GmbH & Co. KG* (2015)

Aufgabe 3

3.1 Warum nehmen Onboarding-Prozesse einen wichtigen Stellenwert in der operativen Personalarbeit ein?

Die systematische Einführung eines neuen Mitarbeiters in ein Unternehmen bezeichnet man als "Onboarding", was aus dem Englischen übersetzt so viel bedeutet wie "An-Bord-Nehmen". Auch wenn das Aufgabenfeld im Vorfeld ausführlich besprochen wird, weiß man als neuer Arbeitnehmer am ersten Arbeitstag meist nicht, womit man anfangen soll. Jedoch ist die Anfangszeit nicht nur für den neuen Mitarbeiter kritisch, sondern auch der Arbeitgeber stellt sich die Frage, wie man den neuen Kollegen möglichst zügig auf ein angemessenes Produktivitätslevel bringen kann.[32]

Sowohl die Betreuung als auch die Unterstützung des neuen Mitarbeiters sollten zu Beginn der neuen Tätigkeit zur Selbstverständlichkeit gehören. In der Praxis sieht dies allerdings oft anders aus, denn rund 15% der Unternehmensneulinge fühlen sich vom ersten Tag an unwohl und möchten den Betrieb am liebsten wieder verlassen. Vor allem sind junge Leute enttäuscht, wenn sich die Erwartungen an die neue Arbeitsstelle nicht erfüllen oder Arbeitgeber-versprechen nicht eingehalten werden. Die jüngere Generation ist in diesen Fällen oft rigoros und schnell bereit die Reißleine zu ziehen. Auch Statistiken belegen diese Entwicklung und zeigen auf, dass einer von drei Neueinstellungen die Firma in den ersten zwölf Monaten wieder verlässt. Dies verdeutlicht, dass ein falsch gehandhabtes Onboarding negativen Einfluss auf die Mitarbeiter-bindung haben kann. Dementsprechend sollte sich der Arbeitgeber darüber im Klaren sein, dass sich in der Probezeit nicht nur das Unternehmen einen ersten Eindruck vom neuen Mitarbeiter verschafft, sondern dass auch der neue Kollege die Eindrücke der ersten Tage und Wochen aufnimmt und daraus für sich Schlüsse zieht. Hier gilt wie so oft: „Der erste Eindruck zählt."[33]

Darüber hinaus sollte man als Arbeitgeber bedenken, dass die neuen Mitarbeiter

---

[32] Vgl. *Bareiß/Merk* (2018), S. 60; Vgl. *prosoft EDV-Lösungen GmbH & Co. KG* (2016); Vgl. *Trost* (2018), S. 136

[33] Vgl. *Aygen* (2015), S. 162; Vgl. *Bareiß/Merk* (2018), S. 60; Vgl. *DoDifferent* (o. J.); Vgl. *Immerschitt/Stumpf* (2019), S. 172; Vgl. *prosoft EDV-Lösungen GmbH & Co. KG* (2016); Vgl. *Sabine Schewe* (o. J.)

gerade die Erlebnisse während der Anfangszeit mit Freunden, Verwandten und Bekannten teilen. Insofern besteht folglich ein Zusammenhang zwischen einem erfolgreichen Onboarding und dem Arbeitgeberimage, denn kündigt der neue Arbeitnehmer nach kurzer Zeit wieder aufgrund eines schlechten Onboardings, wird sich voraussichtlich auch keine Person aus dem nahen Umfeld des ehemaligen Mitarbeiters bei diesem Unternehmen bewerben. Außerdem ist die Wahrscheinlichkeit hoch, dass sich die negativen Erfahrungen mit diesem Betrieb herumsprechen und dies dann zu einem Imageverlust führen kann.[34]

Wenn das Onboarding eines neuen Mitarbeiters nicht glückt ist dies demzufolge nicht nur für den neuen Kollegen enttäuschend, sondern hat besonders für den Arbeitgeber weitreichende Konsequenzen, denn wenn ein gerade eingestellter Mitarbeiter das Unternehmen wieder verlässt, entsteht ein hoher wirtschaftlicher Schaden. Die unterschiedlichen Rekrutierungsmaßnahmen und das Schalten teurer Stellenanzeigen verursachen Kosten, die sich schnell auf 30-40% des Jahresgehalts der zu besetzenden Vakanz belaufen können. Auch die indirekten Kosten sind nicht zu unterschätzen, denn gegebenenfalls müssen durch den Verlust des neuen Kollegen Projekte abgebrochen werden. Zudem fällt die Zeit ohne den Mitarbeiter und seine Leistungen als Unkosten ins Gewicht. Ferner kann es sogar dazu kommen, dass andere Kollegen diesen Verlust durch Mehrarbeit ausgleichen müssen und somit durch die Überstunden noch mehr Kosten entstehen. Aus den genannten Gründen sollten die Arbeitgeber die Wichtigkeit eines funktionierenden Onboarding-Prozesses nicht unterschätzen, denn eine Studie belegt, dass ein neuer Arbeitnehmer mit einer 58% höheren Wahrscheinlichkeit drei Jahre für denselben Arbeitgeber tätig sein wird, wenn zu Beginn ein gutes Onboarding erlebt wird.[35]
Neben dem verringerten Kostenaufwand aufgrund einer reduzierten Mitarbeiter-fluktuation, birgt ein erfolgreiches Onboarding auch noch weitere Vorteile. An erster Stelle steht selbstverständlich das Vorhaben, den neuen Mitarbeiter langfristig an das eigene Unternehmen zu binden und ihm die Einarbeitung in die Arbeitsprozesse und das Aufgabengebiet zu erleichtern. Außerdem möchte man mit einem sorgfältigen Onboarding sicherstellen, dass die Zusammenarbeit im

---

[34] Vgl. *Trost* (2018), S. 137
[35] Vgl. *Kmenta Beteiligungen KG* (o. J.); Vgl. *Sabine Schewe* (o. J.); Vgl. *Trost* (2018), S. 142

Team funktioniert und sich der neue Mitarbeiter im Unternehmen willkommen fühlt. Wird ein positiv erlebtes Onboarding vom neuen Angestellten sogar nach außen getragen, kann sich infolgedessen das öffentliche Ansehen der Firma verbessern und dadurch Wettbewerbsvorteile erlangt werden.[36]

Heutzutage wird das Onboarding vom Großteil der Unternehmen immer noch stark vernachlässigt und die Mitarbeitereinführung ohne große Planung und Vorbereitung durchgeführt. Doch genau an dieser Stelle werden Chancen vertan, denn die Phase nach der Vertragsunterzeichnung ist noch viel wichtiger als der vorherige Auswahlprozess. Die Erläuterungen verdeutlichen, dass ein erfolgreiches Onboarding ein entscheidender Faktor dafür sein kann, welche Leistungsbereitschaft der neue Mitarbeiter in Zukunft erbringt sowie welche Einstellung und Grundhaltung er künftig zu seinem neuen Arbeitgeber hat.[37]

3.2 Worin besteht der Unterschied zwischen sozialer und fachlicher Einarbeitung bzw. Integration?

Die Eingliederung eines neuen Mitarbeiters kann durch unterschiedliche Maßnahmen und auf verschiedenen Ebenen erfolgen. Hierbei unterscheidet man zwischen der fachlichen Einarbeitung und der sozialen Integration.[38]

Die fachliche Einarbeitung beinhaltet, dass sich der neue Arbeitnehmer die nötigen Kenntnisse für seine tägliche Arbeit aneignet. Dazu gehören zum einen die allgemeinen Informationen über das Unternehmen und zum anderen die Fachkenntnisse, die sein Aufgabengebiet betreffen. Die fachliche Einarbeitungsphase soll dem neuen Mitarbeiter ermöglichen seine Aufgaben und die damit verbundenen Anforderungen systematisch und umfassend kennenzulernen sowie die konkrete Umsetzung der Kenntnisse und Fähigkeiten, im Sinne der Unternehmensziele, zu erlernen. In diesem Zusammenhang kommt dem intensiven Kontakt zum Vorgesetzten und zu den Fachkollegen eine große Bedeutung zu. Der direkte Vorgesetze übernimmt dabei jedoch die zentrale

---

[36] Vgl. *Aygen* (2015), S. 162; Vgl. *Barbara Wietasch* (2014); Vgl. *Kmenta Beteiligungen KG* (o. J.); Vgl. *softgarden e-recruiting GmbH* (o. J.)
[37] Vgl. *Bareiß/Merk* (2018), S. 60; Vgl. *Kmenta Beteiligungen KG* (o. J.)
[38] Vgl. *Holtbrügge* (2018), S. 139-140

Rolle. Während der fachlichen Einarbeitung in den ersten Wochen und Monaten sollte er es sein, der das Tempo und den Rhythmus des neuen Kollegen fortlaufend überprüft und gegebenenfalls Anpassungen vornimmt. Außerdem sollten regelmäßig Feedback-Gespräche stattfinden, an denen sich der neue Arbeitnehmer orientieren kann. Zu den Aufgaben des direkten Vorgesetzen gehört ebenso, dass die Personalabteilung von Zeit zu Zeit über die Entwicklung des neuen Mitarbeiters während der Einarbeitungsphase auf dem Laufenden gehalten wird, um im Notfall frühestmöglich, und nicht erst am letzten Tag der Probezeit, die Reißleine ziehen zu können.[39]

Die entscheidenden Elemente bei der fachlichen Einarbeitung sind u. a. Handbücher über die Produkte, Strukturen und Prozesse des Unternehmens, die Ausgabe von Leitfäden, eine umfassende EDV-Einweisung sowie die oben bereits erwähnten Fachgespräche mit Vorgesetzten und Fachkollegen.[40]

Mit der sozialen Integration möchte man als neuer Arbeitgeber hingegen dazu beitragen, dass sich der neue Kollege am Arbeitsplatz möglichst schnell wohlfühlt, im Betrieb Anschluss findet und folglich ein Zugehörigkeitsgefühl entwickelt. Mentoren- und Coaching-Programme können hierbei entscheidende Elemente sein, um diese Integrationsphase wirkungsvoll zu unterstützen. Ebenso hilft es den Nachwuchskräften frühzeitig Karriere- und Weiterbildungs- möglichkeiten aufzuzeigen, um die Motivation und Leistungsbereitschaft zu fördern. Ist mit dem neuen Arbeitsplatz auch ein Wohnortwechsel verbunden sollte der neue Arbeitgeber seine Unterstützung signalisieren, da die Integration des Mitarbeiters und seiner Familie am neuen Wohnort maßgeblich zu dessen Zufriedenheit beiträgt. In diesem Fall bietet es sich an dem neuen Kollegen einen Mentor zur Seite zu stellen, der jederzeit bei Fragen o. ä. behilflich ist.[41]

Von einer erfolgreichen sozialen Integration kann dementsprechend nur gesprochen werden, wenn der neue Mitarbeiter ein "Wir-Gefühl" entwickelt hat und das Arbeiten in Projektgruppen und Teams, die Abstimmung mit Kollegen sowie das Erarbeiten der eigenen Position im Unternehmen geglückt ist.[42]

---

[39] Vgl. *Holtbrügge* (2018), S. 140; Vgl. *Monster Worldwide Deutschland GmbH* (2011); Vgl. *Troger* (2019), S. 93
[40] Vgl. *Haufe-Lexware GmbH & Co. KG* (2019); Vgl. *Holtbrügge* (2018), S. 140
[41] Vgl. *Holtbrügge* (2018), S. 140; Vgl. *Troger* (2019), S. 92, 93
[42] Vgl. *Monster Worldwide Deutschland GmbH* (2011)

Literaturverzeichnis

Bücher:

Aygen, N. (2015), Die Besten für den Vertrieb, 2. Auflage, Wiesbaden.

Bartscher, Th./Maier, G./Nissen, R./Wichert, J. (2019), 250 Keywords
Personalmanagement, 2. Auflage, Wiesbaden.

Holtbrügge, D. (2018), Personalmanagement, 7. Auflage, Berlin.

Immerschitt, W./Stumpf, M. (2019), Employer Branding für KMU, 2. Auflage,
Wiesbaden.

Rühle, J. (2019), Planungssysteme im Schienenpersonenfernverkehr,
2. Auflage, Wiesbaden.

Stock-Homburg, R./Groß, M. (2019), Personalmanagement, 4. Auflage,
Wiesbaden.

Thommen, J.-P./Achleitner, A.-K./Gilbert, D./Hachmeister, D./
Jarchow, S./Kaiser, G. (2018), Allgemeine Betriebswirtschaftslehre
Arbeitsbuch, 8. Auflage Wiesbaden.

Treier, M. (2019), Wirtschaftspsychologische Grundlagen für Personalmanagement, 1. Auflage, Berlin.

Troger, H. (2019), 7 Erfolgsfaktoren für wirksames Personalmanagement,
2. Auflage, Wiesbaden.

Trost, A. (2018), Neue Personalstrategien zwischen Stabilität und Agilität,
1. Auflage, Berlin.

Weber, W./Kabst, R./Baum, M. (2018), Einführung in die Betriebswirtschaftslehre, 10. Auflage, Wiesbaden.

Werther, S./Bruckner, L. (2018), Arbeit 4.0 aktiv gestalten, 1. Auflage, Berlin.

Studienbrief:

Bareiß, A./Merk, J. (2018), Operatives Human Resource Management,
1. Auflage, Studienbrief der SRH Fernhochschule, Riedlingen.

Artikel aus dem Internet:

Agentur Junges Herz (2016): Die Karriere Website – Ein wichtiger Baustein im
Recruiting, https://personalmarketing-nerds.de/die-karriere-website-ein-
wichtiger-baustein-im-recruiting/, abgerufen am 23.03.2020.

Agentur Junges Herz (o. J.): Interne Stellenausschreibung – Definition, Vorteile,
Methoden, https://www.agentur-jungesherz.de/hr-glossar/interne-
stellenausschreibung-definition-vorteile-methoden/, abgerufen am
23.03.2020.

Barbara Wietasch (2014): Verluste beim ONBOARDING – Wo bleibt die
Willkommenskultur in den Unternehmen?, http://www.tanz-mit-den-
eisbergen.com/verluste-beim-onboarding-wo-bleibt-die-
willkommenskultur-in-den-unternehmen, abgerufen am 20.03.2020.

BLICKFANG Onlinemarketing GmbH (2018): Recruiting auf Messen – 5 Vorteile
für Ihr Unternehmen, https://www.messebau.de/blog/recruiting-auf-
messen-5-vorteile-fuer-ihr-unternehmen/, abgerufen am 23.03.2020.

Bullhorn GmbH (o. J.): Was ist ein Bewerbermanagementsystem?, https://www.bullhorn.com/de/topics/was-ist-ein-bewerbermanagementsystem/, abgerufen am 24.03.2020.

Campus-Service GmbH (o. J.): Definitionen – Hochschulmarketing, https://www.campus-service.com/definitionen/hochschulmarketing/was-ist-hochschulmarketing-erklaert-von-campus-service/, abgerufen am 23.03.2020.

Christian Hannemann (o. J.): Was ist die Qualifikationsbezogene Vergütungsgestaltung?, https://www.karteikarte.com/card/2003009/was-ist-die-qualifikationsbezogene-verguetungsgestaltung, abgerufen am 26.03.2020.

DATAKONTEXT GmbH (2019): Vergütungstrends – Vereinbarkeit an erster Stelle, dann erst folgt das Gehalt, https://www.hrperformance-online.de/blog/detail/sCategory/209/blogArticle/2804, abgerufen am 25.03.2020.

DIM Deutsches Institut für Marketing GmbH (2015): Social Media als Instrument im Employer Branding, https://www.marketinginstitut.biz/blog/social-media-als-instrument-im-employer-branding/, abgerufen am 23.03.2020.

DoDifferent (o. J.): Onboarding beginnt früh – Der erste Eindruck zählt, https://dodifferent.com/employer-branding/onboarding/, abgerufen am 20.03.2020.

Frank Dulisch (o. J.): Die leistungs- und erfolgsbezogene Vergütung, http://www.personalbeurteilung.de/entgelt/leistungsbezogene-verguetung.pdf, abgerufen am 26.03.2020.

Gehalt.de GmbH (2014): Was bedeutet leistungsorientiertes Gehalt?, https://www.gehalt.de/news/was-bedeutet-leistungsorientiertes-gehalt, abgerufen am 25.03.2020.

GSM Beiteiligungs-GmbH (2017): Mitarbeiter finden – 15 Rekrutierungs-
methoden zum Personal finden, https://www.unternehmen-
erfolgreich.com/neue-mitarbeiter-finden-15-methoden-der-rekrutierung/,
abgerufen am 23.03.2020.

Haufe-Lexware GmbH & Co. KG (2018): E-Recruiting – Eine Definition,
https://www.umantis.com/blog/e-recruiting-eine-definition, abgerufen am
24.03.2020.

Haufe-Lexware GmbH & Co. KG (2019): Onboarding – Phasen und Elemente,
https://www.haufe.de/personal/hr-management/digitales-
onboarding/phasen-und-elemente-des-onboarding_80_330504.html,
abgerufen am 21.03.2020.

Haufe-Lexware GmbH & Co. KG (o. J.): Personalgewinnung professionell
gestalten / 7.4 Bundesagentur für Arbeit, https://www.haufe.de/personal/
haufe-personal-office-platin/personalgewinnung-professionell-gestalten-
74-bundesagentur-fuer-arbeit_idesk_PI42323_HI912475.html, abgerufen
am 23.03.2020.

Instaffo GmbH (o. J.): Recruiting auf Jobmessen – Vorteile und
Herausforderungen, https://blog.instaffo.com/arbeitgeber/
recruiting/recruiting-auf-jobmessen-vorteile-und-herausforderungen/,
abgerufen am 23.03.2020.

I.O. Group Wolf (o. J.): Leistungsorientierte Vergütung, https://verguetungs-
modell.de/strategische-ausrichtung-variable-verguetung
/leistungsorientierte-verguetung/, abgerufen am 25.03.2020.

jobEconomy GmbH (o. J.): 5 Erfolgsstrategien für den Einsatz von Online-
Jobbörsen, https://www.connectoor.com/news/5-erfolgsstrategien-fuer-
den-einsatz-von-online-jobboersen/, abgerufen am 24.03.2020.

jobvector GmbH (o. J.): Die digitale Bewerbung, https://www.jobvector.de/ karriere-ratgeber/bewerbung/digitale-bewerbung/, abgerufen am 24.03.2020.

Jochen Mai (2016): Young Professionals – Tipps für den Berufsstart, https://karrierebibel.de/young-professionals/, abgerufen am 23.03.2020.

Jochen Mai (2017): E-Recruiting – Definition und Vorteile, https://karrierebibel. de/e-recruiting/, abgerufen am 23.03.2020.

Kmenta Beteiligungen KG (o. J.): 7 kritische Fehler beim Onboarding, https://www.romankmenta.com/7-kritische-fehler-beim-onboarding/, abgerufen am 20.03.2020.

Management Circle AG (2018): Mit moderner Vergütung attraktiv auf dem Arbeitsmarkt positionieren, https://www.management-circle.de/blog/mit-moderner-verguetung-attraktiv-auf-dem-arbeitsmarkt-positionieren/, abgerufen am 25.03.2020.

MA&T Organisationsentwicklung GmbH (o. J.): E-Recruiting gezielt zur Personalgewinnung nutzen, https://www.perwiss.de/e-recruiting-thema.html, abgerufen am 24.03.2020.

Monster Worldwide Deutschland GmbH (2011): Inplacement – Mitarbeiter einarbeiten, https://www.monster.de/mitarbeiter-finden/recruiting-tipps/personalmanagement/personalfuhrung-entwicklung/inplacement-mitarbeiter-einarbeiten-75227/, abgerufen am 21.03.2020.

Personio GmbH (o. J.): E-Recruiting, https://www.personio.de/hr-lexikon/e-recruiting/, abgerufen am 24.03.2020.

PricewaterhouseCoopers GmbH (o. J.): Faire und transparente Vergütungssystematik, https://www.pwc.de/de/strategie-organisation-prozesse-systeme/reward.html, abgerufen am 25.03.2020.

prosoft EDV-Lösungen GmbH & Co. KG (2015): Mobile Recruiting – Chancen und Herausforderungen beim Bewerbermanagement, https://www.prosoft.net/blog/mobile-recruiting-chancen-und-herausforderungen-im-bewerbermanagement, abgerufen am 24.03.2020.

prosoft EDV-Lösungen GmbH & Co. KG (2016): Onboarding – Was ist das eigentlich?, https://www.prosoft.net/blog/onboarding-was-ist-das-eigentlich, abgerufen am 19.03.2020.

Quadriga Media Berlin GmbH (2019): Arbeitgeberbewertungsportale zum Employer Branding nutzen, https://www.humanresourcesmanager.de/news/arbeitgeberbewertungsportale-zum-employer-branding-nutzen.html, abgerufen am 23.03.2020.

Raven51 AG (o. J.): Karriereseite, https://raven51.de/wiki/karriereseite/, abgerufen am 23.03.2020.

Sabine Schewe (o. J.): Der Onboarding-Prozess: Warum dieser nicht unterschätzt werden sollte!, https://neudenkerei.de/personalentwicklung/der-onboarding-prozess-warum-dieser-nicht-unterschaetzt-werden-sollte/, abgerufen am 20.03.2020.

softgarden e-recruiting GmbH (o. J.): Onboarding, https://www.softgarden.de/ressourcen/glossar/onboarding/, abgerufen am 20.03.2020.

UVK Verlagsgesellschaft mbH (2013): Prinzipien der Lohngerechtigkeit, http://blog.uvk-lucius.de/index.php/2013/03/25/prinzipien-der-lohngerechtigkeit/, abgerufen am 25.03.2020.

VFR Verlag für Rechtsjournalismus GmbH (o. J.): Was heißt „leistungsgerechte Entlohnung"?, https://www.arbeitsrechte.de/leistungsgerechte-entlohnung/, abgerufen am 23.03.2020.

Wolters Kluwer Deutschland GmbH (2018): Arbeitgeber-Bewertungsportale: Wie relevant sind sie für Recruiter?, https://www.personalwirtschaft.de/recruiting/employer-branding/artikel/arbeitgeber-bewertungsportale-haben-nach-ansicht-von-personalern-groe-bedeutung-fuers-recruiting.html, abgerufen am 23.03.2020.